Cosas pequeñas

Roque Iñiguez
ilustrado por Constanza Basaluzzo

I0794572

Muchas cosas me quedan pequeñas.

¿Qué hago con la camisa?
¡Se la daré a Ceci!

¿Qué hago con el lazo azul?
¡Es para Ceci también!

¿Y con los zapatos?
¡Son para Ceci también!

¿Qué hago con el cepillo?
¡Es para Ceci también!

¿Y con la bici?
¡Es para Ceci también!

¡Todo esto es para ti!